Les mots des Sportifs

Dans la même collection

Les Mots des Anglais

Les Mots des Politiques

Conception éditoriale : Atelier d'images

Mise en pages : Bleu T

Les mots des Sportifs

Des travaux d'Hercule
aux entorses de Jean-Pierre Papin,
gloires et déboires dans le stade en délire !

Éditions Ramsay

Préface

Il y a juste cent ans, le baron Pierre de Coubertin «réinventait», en quelque sorte, ce qui allait devenir la passion la plus envahissante de l'humanité du XXe siècle : le sport.
«Sport, nous dit le dictionnaire, est un mot anglais qui vient de l'ancien français *desport* signifiant "amusement". Il est l'ensemble des exercices physiques se présentant sous forme de jeux individuels ou collectifs pratiques en observant certaines règles, et sans but utilitaire immédiat.» Tout cela en théorie, bien entendu…
Ce qui est certain, c'est que le sport est aussi vieux que l'homme qui a toujours voulu repousser plus loin les limites imposées à sa condition. Il a donc autant d'avenir que l'homme lui-même.
Si le marathon se courut la première fois à la suite de la bataille du même nom, de nombreux exploits non enregistrés sont à mettre au crédit de leurs auteurs historiques. Ainsi les troupes d'Hannibal, franchissant à dos d'éléphant fleuves et montagnes, n'ont-elles pas remporté une sorte de premier «Dakar» ? Et les caravelles de Christophe Colomb n'ont-elles pas réalisé la première «Transat» ?
Les choses évoluent d'un siècle à l'autre. Aujourd'hui, sport oblige, Ben Hur, conduisant son char dans l'hippodrome, se devrait de remporter le tiercé, et Roland, brandissant son épée de plusieurs kilos, ferait plutôt carrière dans l'haltérophilie que dans l'escrime.
Il n'en reste pas moins qu'ils étaient déjà de vrais sportifs.
Vous avez dit sportif ? Quelques centaines de noms représentant cette race nouvelle ne vous viennent-ils pas

immédiatement à l'esprit ? Qui ne connaît le nom, ou le surnom, d'au moins dix athlètes, dix footballeurs, dix cyclistes ou dix boxeurs ?

D'innombrables étoiles du sport brillent aujourd'hui dans un ciel où passent parfois quelques nuages. Tels les personnages d'une mythologie moderne, les héritiers d'Héraclès s'imposent à nous en direct sur les stades, dans les journaux et dans la fenêtre du petit écran. Devenus des stars médiatiques, ils font partie de notre imaginaire collectif et leurs exploits nous transportent. Toutefois, les exhibitions de ces hommes et femmes hors-normes n'ont pas été que sportives. Ils et elles se sont exprimés, en de multiples occasions, sur leurs défis, leur gloire ou leur échec, ont commenté leur sport, ses règles et ses vices.

L'abécédaire des «Mots des Sportifs» vous aidera à rafraîchir votre mémoire grâce aux propos et aux phrases que l'un ou l'autre de ces dieux vivants a un jour prononcés. Vous découvrirez également ce que les amateurs en disent, ces supporters sans lesquels le sport ne serait rien, au nombre desquels il faut compter quelques grands noms de la littérature et de la politique.

N'en déplaise à André Malraux, le sport n'est plus aujourd'hui un loisir sans culture. Il est même devenu le plus grand roman d'aventures du XXe siècle.

A

7

ABÎMER

Je vais abîmer vos jolis traits.

Le boxeur anglais Joe Beckett à
Georges Carpentier avant le match, 1919

ACHAT

Prends le nom de tous les coureurs qui passent en tête, afin qu'on les achète.

Bernard Tapie à son staff cycliste, 1985

ACNÉ

Je regarde Lewis se lever, sautiller sur place. Concentré à l'extrême, c'est tout juste s'il perçoit la présence des gens autour de lui. Je ne suis rien, ni personne. Lui, c'est le champion idéal. Qu'il perde ou qu'il gagne, il restera aux yeux de tous l'athlète le plus rapide du monde ! C'est en vain pourtant que j'essaie de retrouver dans l'homme que je vois là, en face de moi, l'écho de cette fabuleuse légende qu'il suscite. Imagine-t-on un dieu du stade avec des boutons d'acné ?

Marie-José Perec, 1993

ACTEUR

Dans les vestiaires, l'odeur de l'embrocation, les petits rites précédant une compétition transforment l'athlète, comme le maquillage de scène le ferait d'un acteur. Arrivé dans sa loge, le comédien fatigué se sent un autre homme, incapable de jouer au ralenti, incapable de ne pas se donner à fond, tout entier à son public.

Jules Ladoumègue

ÂGE

Malgré mon grand âge, j'étais tendue, avec une boule dans l'estomac. C'est sans doute l'effet J.O. Quant à la médaille d'argent, elle m'a rendue fière et heureuse. Vraiment. Me satisfaire d'une deuxième place n'est pourtant pas dans mon tempérament. Mais ça aussi, c'est l'effet olympique.

Jeannie Longo, 1992

ÂME

Le sport consiste à déléguer au corps quelques-unes des vertus les plus fortes de l'âme : l'énergie, l'audace, la patience. C'est le contraire de la maladie.

Jean Giraudoux, *Notes et Maximes sur le sport*

AMATEURISME

La question que l'on peut se poser, en tant que dirigeant sportif et plus particulièrement comme président du Comité national olympique et sportif français, porte sur la signification réelle de l'amateurisme aujourd'hui et de ce qu'il sera à l'horizon du troisième millénaire.

Même pour les pays qui ont choisi une formule étatique pour développer leur sport de haut niveau, le statut d'amateur n'a plus de consistance. Pour tous les champions, les contraintes de la compétition de haut niveau impliquent que l'on gère leur réussite, dans tous les sens du terme. Pour certains pays, ce sera le rôle de l'État, dans les pays libéraux, cette charge sera dévolue au mouvement sportif. Dans tous les cas, il faut rénover les préceptes de l'humanisme sportif qui ne correspondent plus aux normes et aux exigences du sport moderne.

Nelson Paillou, 1987

ANQUETIL

Son maillot jaune lui était un blouson, et sa mèche dorée sur son visage aigu celle d'un Johnny Hallyday qui n'eût pas tout à fait passé la rampe.

Antoine Blondin, 1964

ARBITRE

Honnêtement, Jean-Michel, ne croyez-vous pas qu'il y a sur notre grande et belle Terre autre chose qu'un arbitre tunisien pour arbitrer un match de cette importance ?

Thierry Roland, 1986

ARGENT

Je considère qu'il n'y a pas de sport amateur et de sport professionnel : tout le monde touche de l'argent, à tous les niveaux. Quand je suis payée à plein-temps pour m'entraîner la moitié du temps, je suis professionnelle. Seule différence, je suis une mauvaise professionnelle parce que je n'arrive pas à en vivre. La nuance, c'est la somme d'argent. Sinon, ce genre de contrat ne me fait pas peur, je pense qu'on est assez adulte pour s'entourer, et, de toute façon, dans tous les sports, on sera obligé à en venir à ce système de financement.

Brigitte Deydier, 1987

ARMISTICE

Il me plaît qu'à l'approche des vacances
un pur sujet d'enthousiasme soit offert aux
esprits fatigués par le tam-tam funèbre des
événements politiques. Les premières pages
des journaux se disloquent et accueillent
en leurs titres gras, prometteurs d'invasions,
de mobilisations et de massacres, l'annonce
pacifique du Tour de France. (…) Le Tour
de France, c'est une sorte d'armistice
au cœur même de la menace. (…)
À ce voyage dans le temps, le Tour allie
l'enchantement d'un voyage dans l'espace.
Grâce à tous ceux-là qui pédalent sur les
routes, les travailleurs, les malades,
les paresseux s'offrent le luxe d'une
randonnée circulaire à travers la France.

Henri Troyat, 16 juillet 1939

ARTISTE

Toutes sortes de gens me demandent mon avis sur le tennis. Il s'agit d'une question délicate. A sa façon, le joueur de tennis est un genre d'artiste. Lorsque je me présentais sur le court, c'était avec l'idée que je m'apprêtais à jouer pour le public, un peu comme Pavarotti lorsqu'il entre en scène.

Björn Borg, 1992

ASTROLOGIE

Je suis Scorpion, ascendant Gémeaux. Scorpion, c'est la destruction, la violence. C'est « sex, drugs and rock'n'roll ». (Rires.) Gémeaux, c'est plus doux. Plus communicatif.

Florence Arthaud

ATHLÈTE

L'athlète, lui, pense avec son corps et, pour cette raison, agit suivant sa pensée. Disons mieux : sa pensée est un acte.

André Maurois, 1949

AUDIMAT

Nous nous sommes trop excités au départ sur le sport. Souvent, il est destructeur d'audience parce que diviseur de la famille. Il apparaît à l'usage que le sport est à manier avec précaution.

Étienne Mougeotte, directeur d'antenne sur TF1

B

15

BALLE

Plus encore que le roi des sports, le football est le roi des jeux. Tous les grands jeux de l'homme sont les jeux avec une balle, que ce soit le tennis, la chistera ou le billard. La balle est dans la vie ce qui échappe le plus aux lois de la vie. Elle a sur la terre l'exterritorialité de quelque bolide provisoirement apprivoisé. (...) En plus de son propre principe, celui du rebondissement, de l'indépendance, l'équipe donne à la balle le moteur de onze malices et onze imaginations.

Jean Giraudoux, 1933

BASE-BALL

Enfant, au Kansas, je suis parti un jour à la pêche avec un camarade. Et lorsque nous nous sommes assis au bord de l'eau, dans la chaleur d'un après-midi d'été, nous avons discuté de notre avenir. Je lui ai dit que mon plus fort désir était de devenir un vrai joueur de base-ball, un génie du professionnalisme. Mon ami me confia qu'il aurait aimé devenir président des États-Unis. Ni l'un ni l'autre ne sommes parvenus à réaliser notre rêve.

Dwight Eisenhower,
président des États-Unis, de 1952 à 1962

BISCOUETTE

L'esprit mécanisé qui semble (aujourd'hui) régner sur le rugby (encourage) un jeu où l'esprit de fantaisie, d'initiative et de risque paraît être le pire des vices... Un cheveu trop long, une « biscouette » trop ingénieuse, une contre-offensive trop hardie, voilà le crime ! Mort au rugby qui rit !... (On peut déplorer en effet) le manque de communication entre les huit mineurs de fond qui vont parfaitement chercher la balle dans la fournaise et les artistes chargés de s'en servir... Le rugby ne sera-t-il jamais plus qu'un affrontement physique, un corps à corps obscur, une épreuve de force ?...

Jean Lacouture, *Le rugby, c'est un monde !*

BLUFF

J'essayais de trouver la position la moins inconfortable, à l'inverse de Poulidor qui était superbe. J'avoue qu'il m'a fait peur et c'est pour cela que je me suis lancé comme un fou à sa poursuite dans la descente. Il ne fallait surtout pas lui laisser croire que j'étais vulnérable. Dans le Tour, il faut parfois savoir bluffer afin de conserver toute son autorité sur l'adversaire.

Eddy Merckx, Tour de France, 1974

BOBO

Aux Jeux, je me suis senti follement patriote. Pour la première fois de toute ma carrière, je boxais avec le sentiment de défendre les couleurs de la France. Ça devait venir de l'ambiance olympique. On se sentait soutenu et même aimé. Au moindre bobo, trois ou quatre médecins se précipitaient pour me soigner.

Julien Lorcy (boxe), 1992

BONDIR

Faire d'un pied léger poudroyer les sablons, Et bondir par les prés l'enflure des ballons...

Ronsard

BONHEUR

Je ne me suis jamais dit : « Un jour tu deviendras un grand navigateur. » Simplement je me suis mis à naviguer avec, à chaque fois, un but proche très accessible. Le bonheur c'est d'être libre, de pouvoir choisir sa vie, de faire ce que l'on a envie de faire au moment où l'on a envie de le faire. Et le faire sans regret.

Alain Colas

BONNE COMPAGNIE

Il y a une certaine élégance dans la bonne compagnie, à se dire féru des exercices physiques. (...) Si c'est un casse-tête de grouper tous les sports sous une heureuse définition, il est bien facile de les classer en deux groupes : ceux qui sont élégants, et ceux qu'on laisse aux personnes peu choisies.

Marcel Boulenger, 1926

BOXER

Je suis né pour boxer puisque je ne sais rien faire d'autre.

Roberto Duran

BRUTE

« Ouais… Ouais… **Ouais**… **Vas-y**… **Vas-y**… mais vas-y, j'te dis, continue, continue, ouais… ou… ais… **Merde ! ! !** Le con !… Quoi ?… Penalty ? Mais il est fou, ce mec ! Aux chiottes, l'arbitre, aux chiottes ! » Et voilà, tous les mercredis, c'est la même chose. Tu es là, devant la télé, excité comme un fou pour un quelconque match retour Idiots-Imbéciles ! Dix ans que cela dure ! Dix ans que, atterrée, stupéfaite, j'assiste à la transformation, l'espace d'un match, de Jérôme, mon époux bien-aimé, si doux, si timide, si subtil, si tendre, en une brute vulgaire, grossière, en un mot, en un con…

Brigitte Kantor, *Autrement*, 1986

BUREAU

Je crois qu'il faut se donner du mal. La souffrance, ça embellit ton histoire. Pas sur le moment mais après. Mais bon, tout le monde en chie tous les jours. Nous, on n'a pas des vies si difficiles. On ne peut pas dire qu'on soit malheureux. Me lever tous les matins pour aller au bureau, ça, ce serait abominable.

Florence Arthaud

LE SUCCÈS M'A ÉLU ÉTOILE DU FOOT BUSINESS. J'EN SUIS MORT...

José Touré, 1994

BUT

Je n'aurais jamais dû marquer ce but. Sur la photo, j'ai la tête écrasée par l'impact du ballon, je saute au-dessus du paquet, un Milanais devant moi, courbé, dépassé. La balle vient de heurter mon crâne et s'envole vers le but italien. Mon visage est crispé, je fais plus vieux que mon âge sur le cliché. Tout à l'heure, je dirai : « Cette balle, je l'ai envoyée dans l'Histoire. » Je serai content de la phrase.

Basile Boli, 1994

C

23

CAISSE NOIRE

De hautes personnalités du football se disent en privé convaincues qu'une partie de la caisse noire du club aurait servi pendant la glorieuse époque de Saint-Étienne à s'assurer la bienveillance de certains arbitres dont on connaîtrait les noms.

La Lettre de l'Expansion, 1983

CALVAIRE

VOUS N'AVEZ PAS IDÉE DE CE QU'EST LE TOUR DE FRANCE, DIT HENRI, C'EST UN CALVAIRE. ET ENCORE LE CHEMIN DE CROIX N'AVAIT QUE QUATORZE STATIONS, TANDIS QUE LE NÔTRE EN COMPTE QUINZE.

Albert Londres, 1924

CAMÉRAS

Pour moi, la technologie tue l'impossible, en ce sens qu'elle rend tout possible. L'homme doit maintenant revenir à un affrontement direct avec la nature, sans moyens artificiels parce que c'est ce que l'on apprend soi-même qui compte. (...) Je suis contre l'exploit en direct quand les caméras sont là au moment où se réalise l'aventure.

Reinhold Messmer

CANNE À PÊCHE

Une canne à pêche
est un bâton avec un
crochet à un bout
et un imbécile à l'autre.

S. Johnson

CARL

Arrête Carl, on va se faire remarquer...

Publicité Nike, J.O. de Los Angeles, 1984

CATÉCHISME

Derrière l'athlète recordman, toute une génération, qui sait par cœur la table des records, comme nous savons le catéchisme, marche sans peur et sans reproches. Que l'athlète fasse un pas, un seul pas en avant, toute sa race - toutes les races - loin derrière lui, mais sur sa route, font le même pas irrésistible.

André Obey, *L'Orgue du stade*

CHAUMIÈRES

Carpentier est battu, on va pleurer dans les chaumières.

Géo Lefèvre dans *L'Auto*, 1921

CHIENS

La pensée qui m'obsédait le plus concerne la trop courte longévité de la vie d'un athlète. Un chanteur, un musicien, un écrivain remplissent leur existence tout entière grâce au don que le ciel leur a accordé. Les athlètes sont comme les chiens. Ils ne vivent pas assez longtemps.

Jules Ladoumègue

CHOIX

L'ennui, c'est qu'il faut toujours se justifier. J'ai passé plus de temps à expliquer pourquoi j'ai fait tel ou tel choix, qu'à faire ce choix.

Michel Platini, sur Radio France Besançon

CIEL

Il a fallu que j'aille chercher cette médaille au plus profond de moi-même : je n'ai marqué l'avantage décisif qu'à dix-sept secondes de la fin. Alors, j'ai cru que le ciel me tombait sur la tête, je ressentais une joie extraordinaire.

David Douillet, 1992

CIRQUE

L'escrime ne doit pas devenir du cirque. Nous ne sommes pas des clowns, ni des gladiateurs.

Jean-François Lamour

CLOWN

Je sais que les spectateurs attendent autre chose de moi. Cette autre chose, je ne peux la donner. Je ne sais pas faire le clown.

Ivan Lendl

COLLECTIF

Kopa est « **le footballeur** » de tous les temps. Il aurait donc été capable de s'adapter, sans difficulté, à n'importe quel système, à n'importe quelle tactique, car il possédait la notion juste et permanente du jeu collectif.

Albert Batteux

COLS

Avec quelle passion, Galibier du passé, avec quelle impatience, Tourmalet du souvenir, avec quelle allégresse dévorée par les ans, effacée par le temps, soudain si triste et si lointaine, vous dévaliez nos étés !

Jean d'Ormesson, *Au plaisir de Dieu*, 1974

CONFRONTATION

J'ai choisi le terrain de la confrontation avec l'océan, avec une nature qui représente la réalité la plus âpre, la plus exigeante, pour lui opposer des valeurs humaines, celles de l'intelligence de l'expérience, de l'acharnement.

Gérard d'Aboville, 1992

CONQUÉRIR

Je sais profiter de la vie, je l'aime. Mais je garderai toujours au fond de moi le souvenir du temps où tout était à conquérir.

Guy Drut, 1975

CONTAGION

La force d'un paquet d'avants, contrairement à ce que l'on croit, ne se mesure pas à sa vitesse de dispersion mais à sa vitesse de regroupement. Un bon pack, c'est une contagion.

Lucien Mias

CORPS

Dans aucun acte de ta vie tu ne te repentiras d'avoir exercé ton corps.

Xénophon

CORPS À CORPS

Nous pratiquions la course à pied à la manière de deux boxeurs, sans nous ménager, en entrant en corps à corps pour nous assener des coups décisifs. En réalité, nous nous estimions. Mais nous avions besoin de nous haïr, ou du moins d'en donner l'impression, pour progresser. Le mérite de Michel Bernard fut de croire longtemps à sa propre supériorité. L'acharnement qu'il mettait à me dépasser, à me battre, constituait pour moi le meilleur aiguillon. Cette dualité fut aussi un élément essentiel de la renaissance du demi-fond dans notre pays. De cette époque, il nous reste les images d'une succession d'âpres batailles, mais aussi celles d'une amitié, d'une solidarité qu'aucune épreuve n'allait démentir.

Michel Jazy (à propos de Michel Bernard)

COUP-FRANC

Un coup franc de Platini se savoure comme un gaillac 1983. Les amateurs l'enregistrent au magnétoscope et, profitant déjà du ralenti de la télévision, en décomposent les mouvements. Si la Grèce antique avait connu le football, ce n'est pas le Discobole que ses sculpteurs auraient représenté, mais Michel Platini en action.

Jean Tulard, *Valeurs actuelles*, 1986

COURSE

Dans un coin, c'était la sempiternelle bagarre entre Michel Jazy et Claude Piquemal. On aurait pris des places pour y assister, comme au spectacle. J'entends encore la voix de Jazy, pince-sans-rire, qui passait à l'attaque : « Ces hommes-là, ça fait 100 mètres et c'est fatigué, ça court dix secondes et ça s'arrête. » Et Piquemal de s'enflammer : « Peut-être, monsieur, peut-être, mais vous savez sans doute que le 100 mètres est la course-reine disputée par des rois. »

Michel Bernard, *La Rage de courir*

CRÉATEURS

Un champion, non seulement illustre son sport, mais le crée. Cochet a créé dans une certaine mesure un peu du tennis, Gaudin de l'escrime, Ladoumègue de la course à pied. À ces créateurs non seulement la Fédération, mais l'État doivent des égards spéciaux, analogues à ceux qu'ils ont pour les physiciens qui créent la physique et les peintres qui créent la peinture.

Jean Giraudoux, *L'Intransigeant*, 1932

CRÉATION DU MONDE

Le premier jour, Dieu créa le sport
Le deuxième jour, il se dit qu'il serait
bien d'en fixer les règles
Le troisième jour, il inventa la compétition
Le quatrième jour, il eut l'idée d'en confier la
direction à des arbitres
Le cinquième jour, il était indispensable de
confier tout ça à des dirigeants
Le sixième jour, les spectateurs
furent conviés à la fête
Et le septième jour, pendant que Dieu se reposait,
la télévision entra dans le stade, suivie de l'argent,
des sponsors et de Jean-Claude Darmon...

Guy Sitruk, *L'Équipe*, 15 novembre 1990

CULTE

Sport : culte volontaire et habituel de l'effort musculaire intensif appuyé sur le désir de progrès et pouvant aller jusqu'au risque.

Pierre de Coubertin, *Pédagogie sportive*,
à propos du sport, 1922

D

35

DÉCADENCE

UN GERME DE DÉCADENCE SE GLISSA DANS LE SPORT ANTIQUE, LE MÊME QUI, SI NOUS N'Y PRENONS GARDE, RUINERA NOS ESPÉRANCES NAISSANTES : L'ARGENT.

Pierre de Coubertin, 1894

DÉCLIC

Je ne me suis vue championne olympique qu'à cet instant-là, en lisant mon nom sur le tableau électronique. Dans le dernier virage, j'ai failli craquer. J'ai cru que je devenais dingue. Et puis un déclic s'est produit. Les cent derniers mètres ont été magnifiques. Extraordinaires.

Marie-José Perec, 1992

DÉFI

Je suis porteur sain du virus du sida. J'arrête le basket. C'est un nouveau défi.

Earvin « Magic » Johnson, 1991

DICTON

Jeux de mains, jeux de vilains.

Anonyme

DIEU

Gino le pieu vient de passer en haut de l'Izoard... il a pratiquement le maillot jaune. Tout ça parce qu'il a de l'eau bénite dans son bidon. Des choses qui vous font croire que Dieu existe bel et bien.

Alphonse Boudard, 1984

DIEU DU STADE

J'ai été ébloui par Carl Lewis
le jour des qualifications
de la longueur. Il n'a sauté
qu'une fois, mais ce fut
un moment de grâce et de
beauté absolue. Ce type
ne semblait pas humain,
il se détachait des autres
athlètes, comme un
dieu léger, grand, beau.
Un dieu du stade.

Pierre Durand
(champion olympique de saut d'obstacles), 1992

DIGNITÉ

On est ici pour restaurer la fierté
et la dignité du basket US.
On veut que les gens se souviennent
que ce jeu a été créé chez nous.

Michael Jordan, 1992, aux J.O. de Barcelone

DISCIPLINE

Dans le sport, l'homme reprend ses droits. Il reconquiert la discipline, la seule liberté qui soit douce.

Pierre Drieu La Rochelle, *État civil*

DOLLARS

Je suis multimillionnaire en dollars.

Jean-Claude Killy

DOPAGE

Il faut parler du dopage. Il faut qu'il y ait des contrôles avant qu'il y ait des morts comme au cyclisme.

Yannick Noah,
Rock and Folk n°164, septembre 1980

DRIBBLE

À Nœux-les-Mines, j'habitais juste derrière le stade. Il me suffisait de sauter le mur pour y pénétrer. Nous jouions le plus souvent, faute de ballon, avec une vieille boîte de conserve ou une boule de chiffons. Je dribblais facilement mes petits copains, sans même y penser. Je me disais que je devais arriver à faire quelque chose de bien. J'ai eu cette impression très jeune, à six ans…

Raymond Kopa

E

41

ÉCHAPPÉE

S'échapper est un épisode poétique destiné à illustrer une solitude volontaire, au demeurant peu efficace car on est presque toujours rattrapé, mais glorieuse à proportion de l'espèce d'honneur inutile qui la soutient (fugue solitaire de l'Espagnol Alomar : retirement, hauteur, castillanisme du héros à la Montherlant).

Roland Barthes, *Mythologies*, 1957

EFFORT

La victoire aime l'effort.

Catulle, *Poésies*

EGO

Mohammed Ali débute avec l'ego le plus déconcertant de tous. Ayant tenu le devant de la scène, il ne feint jamais de reculer et d'abandonner sa place à d'autres acteurs - comme un perroquet d'un mètre quatre-vingt-trois, il continue à vous hurler aux oreilles qu'il est le centre de la scène. « Viens un peu ici me chercher, imbécile, lance-t-il. Tu peux pas, pasque tu sais pas qui j'suis. Tu sais pas où j'suis. Je suis l'intelligence humaine et tu ne sais même pas si j'suis bon ou mauvais. »

Norman Mailer, 1971

ÉLECTRONIQUE

Au cœur d'un système bâti plus souvent de monstres que de merveilles, où l'absence du « carton rouge » et l'incomptence originelle des fédérations ne rassurent point, il convient, pour préserver l'avenir, de réduire les tutelles financières. Face aux géants de l'électronique, nippons cachés dans les compétitions européennes, face à leurs ambitions contraires, Paris-Roubaix doit rester ce qu'il fut toujours : une affaire d'hommes !

Christophe Penot, 1986

ENTERREMENT

Le seul sport que j'ai pratiqué, c'est de suivre les enterrements à pied.

Samuel Beckett

ENVELOPPES

Il faut que cela se sache, tous les coureurs « amateurs » reçoivent des enveloppes.

Guy Drut, 1978

ÉPREUVES

Il est au moins une qualité que je n'aimerais pas avoir : celle du sens de l'épargne. L'argent ne m'a jamais intéressé que dans la mesure où il m'est indispensable pour réaliser mes objectifs. Ma règle est de m'en servir et pas de le servir. Je garde en mémoire mes « traversées de Paris » destinées à trouver assez d'argent pour mes longues courses. Épreuves difficiles, déplaisantes même parfois. Mais j'avais un but, une idée fixe. Pour l'atteindre j'étais prêt à boire tous les obstacles. Pendant toute ma vie j'ai toujours agi ainsi.

Alain Colas

ESCLAVES

Les footballeurs français sont des esclaves.

Raymond Kopa, 1960

ESPRIT

Le véritable esprit sportif participe toujours de l'esprit religieux.

André Maurois, *Les Silences du colonel Bramble*

ESTHÉTIQUE

L'enjeu de la lutte n'est pas de posséder
mais, soudain, d'éclater la liberté.
Et que c'est beau ! Au football, comme
en politique, le but, pour finir,
n'est pas éthique mais esthétique.

Robert Cover, 1986

ÉTERNITÉ

Moi, j'accosterais en douceur, sans bruit, sans rien dire. J'enlèverais mon ciré poisseux, mes bottes puantes, je rangerais soigneusement mes avirons, j'essaierais de gagner du temps, surtout je ne ferais aucun mouvement brusque pour ne pas me réveiller, pour le faire durer, ce rêve dans lequel je suis si bien, une seconde de plus. Une éternité.

Gérard d'Aboville, 1992

ÉTOILE

Aujourd'hui, notre sport court un grand danger (...). Depuis les derniers Jeux olympiques, le basket gagne jour après jour. Lorsque je vivais à New York, j'ai pu apprécier cette montée. Grâce au spectacle offert par des vedettes comme Magic Johnson ou Michael Jordan. Le football lui, a vu son étoile pâlir depuis le retrait de Maradona. Voilà pourquoi nous avons besoin de nouveaux talents.

Salif Keita, 1994

ÊTRE

Je ne suis pas Pelé, je suis Maradona.

Diego Maradona, 1982

EXEMPLE

Je ressentis alors une sorte de libération intérieure. Mon anxiété perpétuelle, qui est un trait dominant de mon caractère, m'avait finalement permis, en même temps que l'ambition, qui est dans ma nature même, de me surpasser, de puiser dans l'échec des raisons nouvelles de croire à mon étoile. Il faut bien savoir ce que représente une victoire dans le Tour de France pour saisir toute l'importance que lui accordent les coureurs. Nombreux sont les appelés, rares sont les élus. Gagner le Tour n'est possible que si l'on possède des qualités de grimpeur, de rouleur, de sprinter, de tacticien ; que si l'on se montre économe de ses forces, et si l'on sait mesurer celles de ses rivaux. Le tour faisait, depuis 1947, partie intégrante de mon existence. Quand après ma chute dans l'Izoard, qui devint plus tard mon col de prédilection, je suis rentré à Saint-Méen-le-Grand, avec ma petite valise, alors que le Tour continuait sans moi, je pleurais de rage. C'était terrible. En 1948, j'ai porté le maillot jaune pour la première fois. J'ai compris, le jour où je l'ai perdu, ce qu'il représentait pour moi ou pour tout coureur en quête de consécration. Quand, cinq ans plus tard, j'ai pénétré dans le Parc des Princes, le fameux maillot sur les épaules, j'ai su enfin que j'accomplissais mon rêve d'enfant; je revoyais passer Sylvère Maes, André Leducq, Antonin Magne aux portes de notre maison; je m'étais longtemps identifié à leurs silhouettes et voilà que, tout à coup, je leur ressemblais. Je devenais le meilleur et m'offrais en exemple. La transposition devenait réalité. C'était plus qu'un couronnement, un aboutissement que j'obtenais devant quarante mille spectateurs, à l'arrivée de l'épreuve reine, celle sans laquelle il n'est pas de réussite supérieure.

Louison Bobet

F

49

FANS

La folie continue dans la rue, où les gens ne cessent de m'interpeller lorsqu'ils me voient passer. Certains me demandent un autographe. D'autres m'attrapent par le cou pour m'embrasser comme s'ils me connaissaient depuis toujours ! Je ne peux même plus prendre le métro sans risquer de me voir entourée d'inconnus avides de me parler, de me toucher. J'avoue avoir sérieusement songé à faire appel à une agence de gardes du corps pour certains de mes déplacements.

Marie-José Perec, 1993

FÉMINISTE

La victoire de Marie-José Perec m'a émue. Car c'est une femme qui a apporté à la France ce titre dans le sport-roi des Jeux. Je ne suis pas spécialement féministe, mais cela m'a fait quelque chose. C'est même l'émotion que je retiens de ces Jeux.

Nathalie Tauziat, 1992, (tennis)

FEMMES

LES FEMMES N'ONT RIEN À FAIRE COMME PRÉSENTATEUR DE FOOTBALL.

Thierry Roland, 1995

FIFTY-FIFTY

Quoi qu'il fasse, quoi qu'il tente, au risque de gêner et de déranger, Tapie est un génie des affaires et du spectacle à grande dimension. Le fait d'être devenu ce que je suis, je le lui dois à 50 %. Les autres 50 %, ce sont mes qualités propres. Mais les 50 %, c'est lui, j'insiste, qui me les a donnés.

Jean-Pierre Papin, 1992

FLASH

Sortir du tunnel d'accès à la cérémonie d'ouverture et déboucher dans le stade au milieu de 65 000 spectateurs qui hurlent, ça fait un flash, une émotion bien plus inhabituelle pour nous que les émotions de victoires. On était comme des gamins, on n'avait pas assez de nos deux yeux pour regarder.

Jean-Luc Thiébaut (handball), 1992

FOI

J'ai cru et crois encore
la lutte avec l'Alpe
utile comme un travail,
noble comme un art,
belle comme une foi.

Guido Rey, 1925

FOOTING

La marche, qui se contente de ce substantif quand les personnages qui la cultivent sont de condition moyenne ou inférieure, prend le nom de *footing* quand ceux qui la pratiquent appartiennent au *high life.*

Crafty

FOULE

Ce sport est superbe, populaire et fort. Mais rien n'est plus cruel qu'un supporter. Rien n'est plus con qu'une foule qui t'en veut dans un stade.

José Touré, 1994

FOULÉE

Très souvent accoudé à la balustrade, je regardais les magnifiques trotteurs s'entraîner. J'aimais la foulée des chevaux, j'observais attentivement leurs mouvements de jambes. Je leur dois sans doute cette élévation du genou qui a donné son style à ma façon de courir.

Jules Ladoumègue

G

55

GANT

S'ils ouvrent mon crâne chauve, ils trouveront un énorme gant de boxe. C'est tout ce que je suis. C'est ma vie.

Marvin Hagler

GARDIEN DE BUT

De tous les sports que j'ai pratiqués à Cambridge, le football est demeuré pour moi une clairière balayée de vent au milieu d'une période assez embrouillée. J'avais la passion de garder le but. En Russie et dans les pays latins, ce noble art a toujours été nimbé d'un prestige particulier. Parce que son rôle le tient à l'écart, solitaire, impassible, le gardien de but de première force se voit suivi dans la rue par des petits garçons transportés d'enthousiasme. Il rivalise avec le matador et l'as d'aviation en tant qu'objet d'adulation frémissante. Son chandail, sa casquette, ses genouillères, les gants qui dépassent de la poche à revolver de son short, le distinguent du reste de l'équipe. Il est l'aigle solitaire, l'homme de mystère, le défenseur ultime.

Des photographes ploient respectueusement le genou pour prendre un instantané de lui au moment où il est en train de faire un plongeon spectaculaire à travers le portique pour faire dévier du bout des doigts un coup bas et rapide comme l'éclair, et le stade rugit d'approbation tandis qu'il reste une minute ou deux étendu de tout son long là où il est tombé, cependant que son but est demeuré inviolé.

Vladimir Nabokov, 1988

GLAÇON

Iceborg... J'ai toujours détesté ce surnom qui fait trop penser à une froide machine, à un robot sans âme. Tout le contraire de l'homme que je suis en réalité. Mon entraîneur, ma famille et tous ceux qui m'ont approché de près savent bien que je n'ai rien d'un glaçon, eux qui me connaissent dans les coulisses et dans la vie de tous les jours. L'image que j'offrais dans les tournois a prêté à confusion : parce que j'avais décidé de ne pas exprimer mes émotions lors des matchs, on avait conclu un peu vite que j'en étais dépourvu...

Björn Borg, 1992

GRANDEUR

Ce qui fait encore la grandeur du rugby, ce sont les liens d'amitié indissolubles qui se nouent grâce à lui, non seulement entre coéquipiers, mais aussi et surtout entre adversaires. C'est cette extraordinaire chaleur humaine qu'il dégage et dans laquelle il baigne en permanence. La joie d'avoir gagné, l'amertume d'avoir perdu, rien de plus éphémère. Au contraire demeure, jusqu'à la fin des jours, vivace et forte, l'amitié née à la faveur d'une rencontre sur le terrain, un samedi ou un dimanche après-midi que rien ne distinguerait des autres, si ce n'est ce match - tu te souviens ?... - dans lequel on s'est affronté sans ménagement et à la loyale.

Albert Ferrasse, ancien président
de la Fédération française de rugby

GRATUIT

Le Tour de France est aussi une des dernières grandes fêtes populaires de notre triste époque. Fête gratuite, et seul spectacle qui puisse rassembler une foule illimitée.

Pierre Bost, 1935

GROS SOUS

Dans les discours politiques plus personne ne parle de sport. C'est sans doute parce que, dans l'esprit de beaucoup, le sport est devenu une affaire de gros sous. Cela rend les gens jaloux et amers. Pourtant le sport c'est, d'abord, une histoire d'amitié et de copains. C'est aussi la part du rêve.

Michel Platini, 1988

GROSSE TÊTE

C'est alors que j'ai disjoncté en croyant pouvoir tout me permettre. Dans la vie, j'ai flambé sans m'en rendre compte. Un jour, le réveil fut pénible. J'étais en rouge à la banque, criblé de dettes. Sur le terrain je ratais tout ce que je voulais, surtout le plus facile. Bref, au début, à Marseille, je me suis planté. J'avais pris le melon, la grosse tête. Un vrai petit merdeux ! C'est à cette époque que René Volery, le pape de la presse marseillaise, m'a surnommé : « J'en Peux Plus. »

Jean-Pierre Papin, 1992

GUERRE

Le rugby est un jeu plus joli et plus gai que la guerre…, le ballon ovale est autre chose qu'une bombe à billes et… un talonneur n'est pas un nettoyeur de tranchées !…

Jean Lacouture

GUIGNOL

Je dois avouer que ma marionnette me fait hurler de rire. C'est une bonne caricature, je me retrouve dans plein de choses, par exemple dans le fait de toujours vouloir m'en aller. Et quand on veut que je parte, je reste ! C'est tout moi, ça… Je ne trouve pas que ça aille trop loin, au contraire, il faudrait qu'on nous fasse déraisonner complètement, qu'on pète tous les plombs !

Éric Cantona, 1993

H

61

HARICOTS

Si vous gagnez ces championnats, pendant quatre ans mon peuple ne se plaindra de rien. Votre victoire remplacera le riz et les haricots dont ils sont privés.

João Goulart, président de la République brésilienne, s'adressant à l'équipe nationale de football, 1962

HÉRACLÈS

C'est donc à Héraclès qu'appartient la gloire d'avoir institué les Jeux et de leur avoir donné le nom d'olympiques. Il décida qu'ils auraient lieu tous les cinq ans, parce que ses frères et lui étaient cinq.

Pausanias, *L'Élide*

HÉRITAGE

Peut-être la bicyclette, dans ce monde de machines, était-elle à nos yeux une héritière du cheval ?

Jean d'Ormesson, *Au plaisir de Dieu,* 1974

HÉROÏSME

Je me souviens d'un temps où arbitrer en France certains grands matchs qui soulevaient de sauvages passions était un acte d'héroïsme.

André Maurois, 1949

HEURE

Si j'avais dû vivre la vie ascétique de Louison Bobet, je n'aurais pas été coureur cycliste ; on pense que j'ai vécu de manière désordonnée. C'est faux. J'ai vécu à mon rythme et à mon heure. Il se trouve simplement que mon heure n'était pas celle des autres.

Jacques Anquetil

HEUREUX

La nuit qui a précédé la finale des bosses, je n'ai pas beaucoup dormi. Ce n'était pas parce que j'étais tendu, mais parce que j'étais heureux. Heureux d'être là. Et heureux de ce qui allait arriver.

Edgar Grospiron, 1992

HEYSEL 1

Si j'avais un vœu pour l'article qui va m'être consacré dans le *Littré*, ce serait le suivant : « 29 mai 1985, Heysel, à Bruxelles. Il marque sur pénalty le seul but de la finale de la Coupe d'Europe des Clubs. Depuis cette nuit tragique, tout s'est brisé en lui. »

Michel Platini, *Ma vie comme un match*

HEYSEL 2

Ce jour-là, je suis devenu un homme. Disons que je suis passé d'un monde où le football était un jeu à un monde où le football est devenu une espèce de violence... Mon rêve à moi, c'était de faire du football devant un maximum de gens, que le football soit un spectacle, que les gens soient heureux entre eux, qu'ils chantent.

Michel Platini

HOMMAGE

Finalement, tout ce que je sais à propos de la morale et des valeurs humaines, je le dois au football.

Albert Camus

I

65

IMAGE

J'ai été frappée par cette image d'Hassiba Boulmerka à travers laquelle s'expriment beaucoup de choses. On sent qu'elle se défend, par rapport à elle-même mais aussi par rapport à son pays. Elle veut prouver qu'on peut devenir une grande championne tout en étant femme et algérienne.

Catherine Destivelle, 1992 (alpinisme)

IMPRÉVISIBLE

Bien sûr qu'il y a des pilotes qui se dopent. On en connaît quatre dont on se méfie dans les premiers tours de course. Leur comportement est parfois imprévisible.

Patrick Tambay

INFAMIE

Cela fait quatre mois que je suis champion d'Europe, et il n'en reste que des cendres. L'OM est mis au ban de la société du foot, privé de défis, interdit de Coupe d'Europe, pour une affaire de match acheté en championnat de France. Les mots se heurtent à la une des journaux, dévalent dans ma tête. Corruption. Acheter un match. Tricher. L'infamie.

Basile Boli, 1994

INFARCTUS

En 92, j'ai frisé trente-huit fois l'infarctus : à chaque médaille française. Mais ce qui m'a le plus touché n'a rien à voir avec la victoire. C'est l'émotion de Jean-François Lamour avant le défilé d'ouverture. Il était comme un premier communiant, lui qui a pourtant connu tous les honneurs de la compétition.

Nelson Paillou, 1992

INNOCENT

Les matchs du dimanche,
dans un stade plein à craquer,
et le théâtre que j'ai aimé avec
une passion sans égale, sont
les seuls endroits du monde
où je me sente innocent.

Albert Camus, *La Chute*, 1956

INTELLIGENCE

QUE DE FAUTES L'INTELLIGENCE COMMET PARCE QUE LE CORPS N'EST PAS BIEN DRESSÉ.

Socrate

J

69

JOUISSANCE

Le sport n'a pas d'autre fin que de donner à l'homme une âpre, enivrante puissance du monde et de lui-même. N'oublions pas qu'il peut advenir que cette jouissance soit en fin de compte préjudiciable au corps et non bienfaisante.

Thierry Maulnier

K

71

Quand je peux les mettre KO, ils sont KO.

Stanley Ketchell

L

LATIN

Avec un peu moins de
latin, beaucoup plus
d'exercices corporels...
nous ferons des hommes.

Émile Zola

LEÇON

Dans les centres de formation, comme dans les camps d'entraînement de l'armée, les mots d'ordre ont le mérite de la simplicité : ne vous posez pas de question ! Beaucoup ont retenu la leçon. J'ai dû l'oublier.

Cantona, *Un rêve modeste et fou*, 1993

LISTE

Je n'ai pas toujours remercié ceux qui m'ont aidé... J'ai souvent pardonné à ceux qui m'ont offensé... Mais, j'ai la liste.

José Touré, 1994

LOYAUTÉ

Quand je jouais au CASG, nous avions un entraîneur avec une grande barbe noire et un chapeau à large bord, qui nous disait toujours : « Surtout, hein, de la loyauté dans le jeu ; pas de coup vache en dessous... Mais en passant à côté de l'adversaire, faites-vous sentir quand même. »

Jacques Chaban-Delmas

LUCIDITÉ

Tout ce qu'on appelle la sécurité m'inspire moins de confiance que la lucidité...

Gaston Rebuffat

L

LYRIQUE

La beauté du sport vient de ce qu'il est cruel, fait de codes et de chiffres ; mais il y a des minutes où il apparaît à tous que le prestige d'un champion représente davantage. Ce n'est pas sa force qui compte, ni son adresse, mais un rayonnement qu'il possède, qui échappe à l'analyse et qui ressemble à la poésie lyrique. C'est pourquoi tous nos cœurs se tournent vers Cerdan. Nous ne sommes pas angoissés pour un homme capable de vaincre un autre homme, mais pour un ami que les éléments peuvent abattre.

Jean Cocteau, *L'Équipe,* 28 octobre 1949

M

77

MAILLOT

Si Poulidor avait pris le maillot, je rentrais à la maison ce soir.

Jacques Anquetil (Tour de France, 1964)

MAINS

Si les mains ont été supprimées du jeu, c'est que la balle par leur intervention cesserait d'être balle, et le joueur aussi. Les mains sont des trucs ; elles ont été données uniquement aux deux animaux truqueurs, à l'homme et au singe. La balle n'admet pas le truquage, mais seulement les effets stellaires…

Jean Giraudoux, 1933

MARIAGE

J'ai rencontré La Motta six fois. Nous allons nous marier.

Ray Sugar Robinson

MARSEILLAISE

C'était l'euphorie. Le public chantait *La Marseillaise*. Et, moi, j'en étais toute retournée. Cette émotion a été si forte qu'elle m'a donné envie de repartir de plus belle pour vivre à nouveau des moments aussi grandioses.

Corinne Niogret (biathlon), 1992

MARTIEN

Fausto nous dominait tous et il tenait à gagner encore au Puy de Dôme, question de prestige. Or, je voulais moi aussi gagner. Dans la rampe j'ai foncé. C'est alors que j'ai vu passer un bolide ou plutôt une sorte de martien monté sur un vélo ! C'était Fausto qui avait lâché Robic, Ockers et revenait sur Nolten. Ce jour là j'ai vu un coureur phénoménal…

Raphaël Geminiani, à propos de Fausto Coppi,
Tour de France, 1952

MÉDAILLES

Ils pouvaient bien me disqualifier. Cela m'était égal. Mais jamais aucune force au monde ne m'aurait fait rendre mes trois médailles d'or. Ces médailles, tu comprends, elles appartiennent à tout jamais au gosse que j'ai été. Ce gosse qui se privait de déjeuner dès l'âge de huit ans pour pouvoir faire deux descentes de plus. C'est à ce gosse que je dois tout. Je ne l'oublierai jamais.

Jean-Claude Killy

MÉDIAS

Vous autres, les médias, pouvez pousser quelqu'un à la retraite. Mais cette décision est ma décision. Ce que je veux maintenant, c'est m'en aller loin de vous et vous voir le moins souvent possible. Vous pouvez aller écrire vos articles ailleurs (...) Je pense que je serai heureux chaque fois que vous serez loin de ma maison.

Michael Jordan, 1993

MEILLEUR

JE N'ENTRAIS PAS EN LICE POUR DEVENIR UN BON SKIEUR, MAIS POUR DEVENIR LE MEILLEUR DE TOUS. J'AVAIS TREIZE ANS.

Jean-Claude Killy

MÊLÉE

All Blacks et autres Springboks ne tiendraient pas une mi-temps dans la mêlée farouche d'une gare parisienne un jour de fin juillet-début août.

René Fallet

MENTALITÉS

Si les meilleurs coureurs touchent aujourd'hui de 100 000 à 200 000 francs par mois, ils le doivent en partie à Tapie, qui a changé les mentalités.

Greg Lemond, 1987

MÉPRIS

Ce qui fait tant mépriser aujourd'hui les exercices est qu'ils ne servent ni à acquérir de l'honneur ni à gagner de l'argent.

Abbé Fleury, *Traité du choix et de la méthode des études*, 1675

MÉTIER

C'est pas possible, un coureur pareil ! S'il existait deux Kobler, je changerais de métier.

Raphaël Geminiani (2e derrière Kobler, Tour de France, 1951)

MIEUX

Je suis content d'avoir gagné. J'essaierai de faire mieux la prochaine fois.

Eric Tabarly, Transat, 1976

MIMOUN

« Le vieux », comme on le surnommait déjà en raison de ses trente-six ans, m'a fait prendre l'athlétisme au sérieux. Il me stupéfiait par le soin qu'il mettait à accomplir les gestes apparemment les plus anodins. Il m'enseigna les rites de l'entraînement. « C'est comme les économies, disait-il, il faut en amasser beaucoup pour bâtir sa maison. » Il m'apprit à ne rien négliger, à ne jamais me laisser aller à la facilité. Quand au terme des 42 kilomètres d'un héroïque marathon, il pénétra en vainqueur dans le stade olympique, je compris que je ne verrais jamais plus la course avec les mêmes yeux. À mon tour j'étais touché par la grâce et je découvrais l'ambition.

Michel Jazy (à propos d'Alain Mimoun)

MONDE

Si le monde va bien, les Jeux iront bien. S'il va mal, l'olympisme en sera affecté.

Juan Antonio Samaranch, président du CIO, 1988

MUNICH

Je suis certes heureux de cette médaille d'argent car depuis des années j'ai fait beaucoup d'efforts pour l'obtenir. Mais j'ai connu dans ma carrière des moments inconnus du grand public qui furent pourtant plus heureux. Des moments intimes qui n'appartiennent qu'à moi. En sport le résultat est important, mais il n'y a pas que le résultat. D'autre part, je confirme ce que j'ai dit pendant l'attentat palestinien mardi dernier : j'aurais accepté et compris, malgré mes ambitions personnelles, que les Jeux olympiques s'arrêtent après le massacre des sportifs israéliens.

Guy Drut

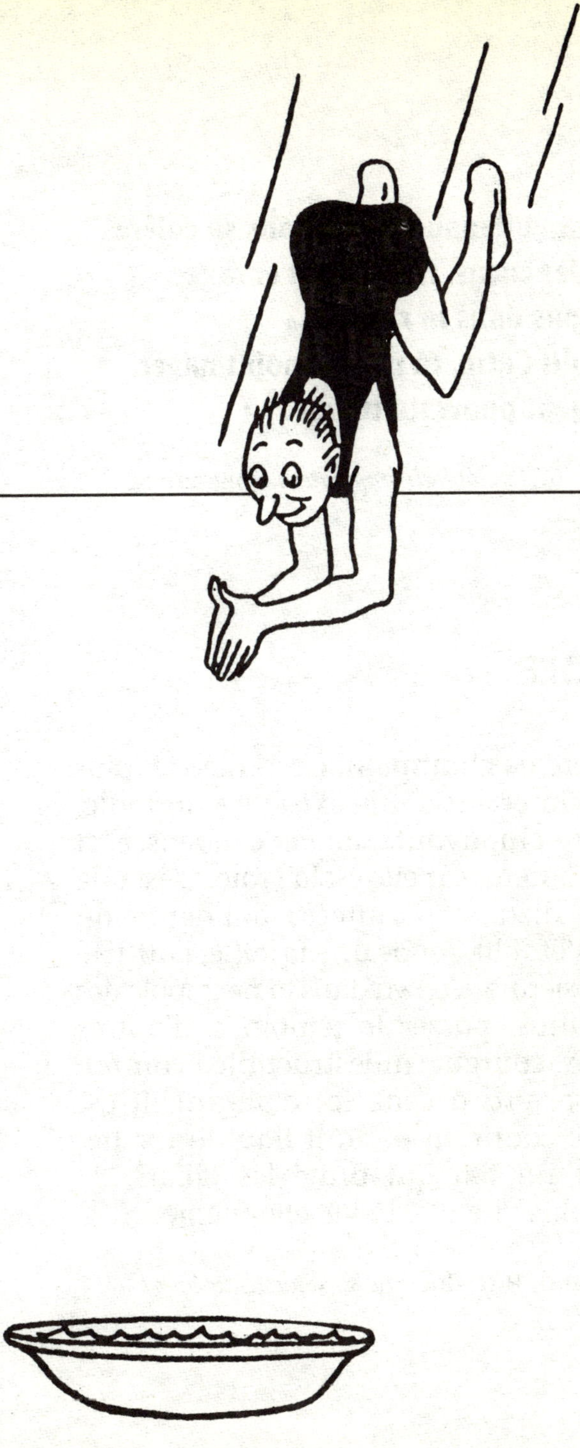

N

85

NAGER

Un jour le grand Renaud disait dans sa colère :
« Peste soit des cocus, ils me font enrager.
Fussent-ils tous dans la rivière ! »
« Mon mari, dit Catin, tu ne sais point nager,
Hélas ! comment pourrais-tu faire ? »

Baraton, *Le Souhait imprudent,* épigramme

NÉCROPOLE

Une carrière de champion, c'est une vie, plus courte, à l'intérieur d'une existence normale, une vie plus émouvante, mieux condensée, et qui, seule, durera, car elle est la vraie. C'est une vie d'une dizaine d'années ; à l'heure où l'homme s'établit, fonde une famille, l'athlète termine la sienne, s'en va dans la nécropole des records battus, passer le témoin à d'autres (même un coureur indestructible, comme Mimoun, obéira à cette loi d'airain). Il est sublime de courir en portant haut la torche, mais c'est un feu qui brûle les doigts, se consume plus vite que la vie elle-même.

Paul Morand, Introduction à *Noblesse du Sport*

O

87

OASIS

Je suis un nomade de la tribu du ballon rond. Avec ma famille, tant que mon père était joueur professionnel, nous allions de ville en ville, de club en club comme mes ancêtres africains allaient d'oasis en oasis.

José Touré, 1994

ODYSSÉE

Le Tour dispose donc d'une véritable géographie homérique. Comme dans *L'Odyssée*, la course est ici à la fois périple d'épreuves et exploration totale des limites terrestres.

Roland Barthes, *Mythologies*, 1957

OLYMPIE

« N'être ni esclave ni métèque, n'avoir commis aucun crime, aucune impiété ni sacrilège et s'être soumis, après un entraînement de 10 mois, à un stage de 30 jours à Élis pendant la période précédant les jeux. » À l'approche de la date, des messagers partaient d'Olympie pour proclamer la trêve fixée à un mois.

Grèce, VIIIe siècle avant J.-C.

OR EN BARRE

Les coureurs d'aujourd'hui n'ont plus l'amour propre et le courage des anciens, ils gagnent de l'or en barre et sabotent le métier.

Lucien Pothier, 1955

OXYGÈNE

Moi, je suis assez terrorisé par les femmes sportives. (...) Leur sang a une façon de circuler que je trouve un peu voyante. Elles respirent comme si, chaque fois, elles découvraient l'oxygène.

Jules Romains, *Lucienne*

P

91

PANACHE

Je suis un coureur cycliste professionnel. Je dois donc le plus souvent et le plus longtemps possible gagner des courses. C'est tout. Je ne suis ni un artiste ni un homme politique ; je n'ai pas à caresser les enfants et à me mêler à la foule pour serrer les mains. On dit que je manque de panache parce que je m'arrange pour gagner au millimètre. On préférerait peut-être que je perde après avoir mal réparti mes efforts. S'il faut faire cela pour être populaire, merci beaucoup. Si l'on préfère que je fasse un bon sourire plutôt qu'une bonne course, on peut attendre longtemps.

Jacques Anquetil

PASSÉ

Mon passé, je l'oublie à mesure. Je ne regarde jamais derrière moi. J'ai horreur des anciens combattants.

Bernard Moitessier, 1988

PATRIE

Nul ne peut gagner seul, et nous faisons, au grand jeu de l'Histoire, tous partie de l'équipe de France. Si votre jeu fait pénétrer cette idée simple et vraie dans toutes les têtes françaises, il aura bien mérité de la patrie.

André Maurois, 1949

PATRIOTE

On a le Tour de France tous les ans et c'est une des dernières raisons d'être patriote, on n'en a pas si souvent l'occase pour des motifs honorables.

Alphonse Boudard, 1984

PATRON

Moi je suis patron ou rien du tout. Il n'est pas question que je sois ambassadeur ou quelque chose dans ce goût-là. J'ai autre chose à faire que de me trimballer de gauche à droite pour vendre deux ou trois mille billets supplémentaires.

Michel Platini, 1993

PAYE

Je suis le mieux payé. Cet argent, je ne le vole pas et j'en suis fier.

Alain Prost à *L'Express-Sport*, 1986

PÉNALTY

L'arbitre vient de siffler ; pétrifié,
le bras tendu, tel qu'une statue
au milieu de la mêlée tournoyante,
il désigne l'endroit du destin.

Henry de Montherlant

PERSONNALITÉ

**Il n'a pas de personnalité.
Sa démonstration sur le plan
physique ne suffit pas du tout.
À cause de lui, les gens
s'intéressent moins au tennis.
Et quand les gens se fichent
du leader d'un sport, c'est
tout le sport qui est atteint.**

John Mc Enroe (à propos de Lendl)

PHÉNOMÉNAL

À l'arrivée de cette finale, j'étais partagé entre la joie d'avoir réussi ma course et le choc du chrono de Kevin Young. Dans la dernière ligne droite, j'ai bien senti qu'il se passait quelque chose de phénoménal. Young était loin, je le voyais à peine. Puis j'ai vu le chrono. Je me suis senti heureux d'avoir participé à un truc aussi fort.

Stéphane Diagana, 1992

PIANISTE

Depuis mon exclusion, je suis comme un pianiste à qui on aurait coupé les mains.

Jules Ladoumègue, 1932

PIEDS CARRÉS

Si je n'ai qu'une fierté, c'est de m'être battu. La volonté était en moi. Et je suis arrivé… Sans piston, c'est là l'essentiel à mes yeux. Pour le reste, j'ai eu sans doute la chance de ne pas avoir les pieds carrés !

Jean-Pierre Papin, 1992

PLUS

$ PLUS IL Y AURA D'ARGENT, PLUS L'ATHLÉTISME SERA FORT. $

Carl Lewis

PODIUM

Ce n'est vraiment que sur le podium que j'ai ressenti toute l'émotion de ma victoire. Là, seul face à la foule avec ma médaille sur la poitrine, j'ai enfin réalisé ce qui venait de m'arriver. Aujourd'hui encore, je revis presque tous les jours ces quelques minutes de bonheur.

Sébastien Flute (tir à l'arc), 1992

POSTÉRITÉ

En dessinant un golf, je travaille pour la postérité. On oublie un champion. Jamais un parcours.

Jack Niklans (élu « golfeur du siècle » par le quotidien *Le Sport* en 1987)

POUPOU

Figure des années 60-70, Raymond Poulidor est, dans la mémoire collective, « l'éternel second » : cinq fois deuxième du Tour; c'est le paysan de la Creuse, le courage, la simplicité, la loyauté, mais aussi la malchance; c'est « Poupou », celui qui continuellement fait face à un destin contraire; Poulidor c'est toute une éthique populaire imprégnée de valeurs rurales, c'est le travail, la fatalité, la sérénité.

Philippe Gaboriau, « Les épopées modernes, le Tour de France et le Paris-Dakar », *Esprit*, 1987

PREMIER

Il y a partout autour de nous le danger, la suffocante odeur grasse et brûlée des incendies commençants; il y a en nous, et partout autour de nous, le goût démoniaque de la vitesse, l'imbécile et invincible envie d'être « le premier »...

Colette, « La fin d'un Tour de France », *Le Matin*, 1912

PRESSE

La vie quotidienne des lecteurs est souvent dure, grise ; par l'intermédiaire de la presse spécialisée, ils souhaitent côtoyer des gens d'une autre planète ; ils veulent rêver, voyager dans un autre monde.

Jean-Claude Killy

PREUVE

Chaque nouvelle médaille fournit la preuve irréfutable de la supériorité de la culture socialiste sur la culture décadente des états capitalistes.

Le Monde, 25 août 1981

PRISON

L'athlète est un homme qui a décidé de reculer les murs de sa prison.

Antoine Blondin

PRIX

Ne savez-vous pas que dans les courses du stade, parmi tous ceux qui courent, un seul remporte le prix ? Courez tous de manière à le remporter.

Saint Paul, *Épître aux Corinthiens*

PRO

Celui qui, courant après Atalante, ramassa des pommes d'or, prit le départ comme amateur et arriva comme professionnel.

Jean Giraudoux, *Notes et Maximes sur le sport*

PRODUITS

Ils ont des parcs à thèmes, nous avons les nôtres. Eux, c'est Mickey ou Goofy. Nous : Magic et Michael. Ils vendent leurs produits. On vend les nôtres. Ils font des vidéos. Nous aussi…

David Stern, 1983

PROUESSES

POUR QUE CENT SE LIVRENT À LA CULTURE PHYSIQUE, IL FAUT QUE CINQUANTE FASSENT DU SPORT ET IL FAUT QUE VINGT SE SPÉCIALISENT. MAIS POUR QUE VINGT SE SPÉCIALISENT, IL FAUT QUE CINQ SOIENT CAPABLES DE PROUESSES ÉTONNANTES.

Pierre de Coubertin, 1894

PRUDENCE

Je pense toujours à l'accident et je pense que c'est un bien.

Alain Prost

PUNI

On m'a puni pour avoir frappé un gardien de but... Pour avoir craché sur un supporter... Pour avoir jeté mon maillot... Pour avoir lancé le ballon sur un arbitre... Et pour... avoir traité mon entraîneur de tous les noms. Alors, à la commission qui m'a puni... j'ai dit : Vous n'êtes qu'une bande d'idiots !

Éric Cantona, publicité Nike

Q

103

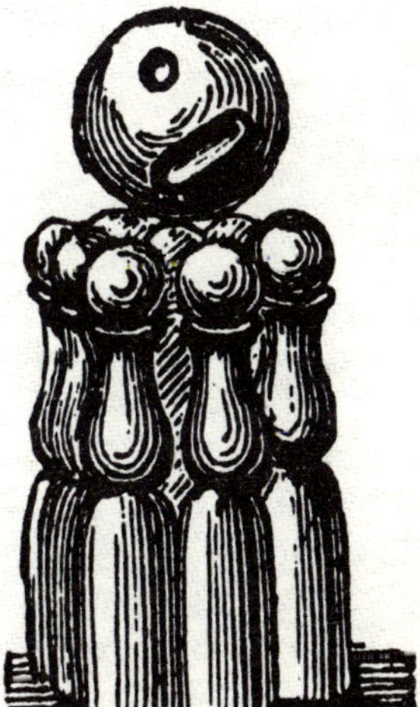

QUELQU'UN

Je ne suis pas juste une « gazelle noire » ou une « déesse du stade », et encore moins une « star » ! Je suis « **quelqu'un** ».

Marie-José Perec, 1994

QUÊTE

Sur le coup, j'ai plus ressenti une douce satisfaction, un sentiment d'exaltation, qu'une joie délirante. Le moment le plus fort, je l'ai vécu en montant sur le podium. C'était comme l'aboutissement d'une longue quête, comme arriver au sommet d'une montagne que j'avais gravie petit à petit.

Philippe Omnes, 1992

R

105

RACES

Des Jeux olympiques à l'échelle du monde, ouverts à tous, à tous les pays, à toutes les races...

Pierre de Coubertin, 1896

RAGES

Mc Enroe est un garçon sympathique. Nous avons l'un pour l'autre un grand respect. Cela dit, quand il entre sur le court, c'est une toute autre affaire... Tout le monde connaît ses sautes d'humeur. Il lui arrive de se mettre dans des rages folles. Et malgré tout, le public adore le voir jouer - comme s'il entretenait avec John une sorte de relation d'amour-haine.

Björn Borg, 1992

RÉGIME

Je suivais un régime alimentaire strict, mais pas aussi draconien qu'on a bien voulu le dire. La « grande bouffe » ne m'a jamais intéressé, pas plus que l'alcool. Mais je ne dédaignais pas un verre de bon vin, une coupe de champagne ou un petit plat bien mijoté.

Louison Bobet

RÈGLEMENT

C'est le règlement. Il ne faut pas seulement courir comme des brutes, mais geler ou étouffer. Ça fait également partie du sport, paraît-il.

Albert Londres, 1924

REGRET

Je n'ai qu'un regret concernant ma carrière : l'argent. Ma plus grosse bourse me fut offerte pour mon combat contre Rodrigo Valdes, le dernier de ma carrière : 500 000 dollars. En moyenne, je touchais 100 000 dollars par championnat du monde. Aujourd'hui, quand vous proposez 100 000 dollars à un boxeur, il vous rit au nez.

Carlos Monzon

REPRISE

C'était la vingt-cinquième reprise. À la manière dont ce cyclope, car il n'avait plus qu'un œil, se remit en posture, on comprit que c'était la fin et personne ne douta qu'il ne fût perdu. Il posa sa garde au-dessus du menton, gaucherie du moribond. Helmsgail, à peine en sueur, cria : « Je parie pour moi. Mille contre un. »

Victor Hugo, *L'Homme qui rit*, 1869

RÉPUTATION

J'étais le fils de bonne famille, émotif, sensible, un peu fillette sur les bords, à la larme facile, qui dérangeait les habitudes et qu'il fallait tourner en dérision. Cette réputation de pleureur m'a longtemps collé à la peau. J'en ai souffert, mais je suis parvenu à faire face.

Louison Bobet

RÉSULTAT

Une fois dans ma vie on m'a demandé de faire certaines choses pour modifier un résultat.

Michel Hidalgo

RETOMBÉES

Je pense que ma valeur potentielle se situe au niveau d'un Fignon ou d'un Bernard Hinault, s'agissant des retombées commerciales. Je crois valoir sportivement plus qu'un Marc Madiot, et pourtant je dois gagner bien moins que lui.

Jeannie Longo, 1987

RETRAITE

Dans le sport amateur les retombées financières sont rarement directes ou instantanées. Les sportifs sont donc obligés de travailler ou de poursuivre leurs études. Il faut savoir ce que cela représente de mener les deux de front, tout en sachant qu'à la sortie les sportifs de haut niveau n'auront pas pour assurer leur retraite des clubs de division inférieure comme ce peut être le cas en football.

J'aurais peut-être pu gagner plus d'argent en jouant au tennis, ou dans d'autres sports, mais j'aurais peut-être eu une vie que je ne souhaitais pas. Je crois que le plus important c'est de se faire plaisir. C'est mon cas.

Stéphane Caristan, 1987

REVENDIQUER

Il va falloir que je réfléchisse à ça. Je me rends compte que je représente quelque chose pour les femmes. Il faut que je m'y intéresse. Si elles revendiquent, c'est sûrement qu'il y a quelque chose qui ne va pas. Mais je ne sais pas quoi.

Florence Arthaud

RÉVOLTE

Un jeune homme a tout le même le droit de se révolter... Le football est devenu un enjeu politico-commercial pour que ses acteurs n'aient pas le droit de parler.

Éric Cantona, *Un rêve modeste et fou,* 1994

RÉVOLUTION

La révolution en France, rien de plus facile, vous supprimez le foot à la télé et les gens descendent dans la rue.

Jean-Luc Godard

RIGOLO

On s'en fout du public. Les spectateurs sont tous des rigolos !

Éric Cantona, 1993

RING

Le seul endroit du monde où je ne suis pas gêné d'être violent, c'est sur le ring.

Jake La Motta

RÔLE

Je ne suis pas payé pour être un rôle-modèle. Ce n'est pas parce que je sais jouer au basket que je peux élever vos enfants à votre place.

Charles Wade Barkley (basket)

ROSSONERO

Cette finale, je ne la raterais pour rien au monde. Il faudrait me couper la jambe pour que je sois forfait ce jour-là. L'idée d'affronter mes anciens coéquipiers me faisait un peu de peine. Après tout, pourquoi pas ? Mon cœur aujourd'hui est rossonero.

Jean-Pierre Papin (à propos de Milan-OM, 1993)

RUE

La rue, c'est la meilleure façon de devenir un bon footballeur.

Michel Platini

S

115

SAGE

Le corps de l'athlète et l'âme d'un sage, voilà ce qu'il faut pour être heureux.

Voltaire

SANCTION

La vraie responsabilité, le véritable exercice de la liberté, c'est de savoir qu'en cas d'échec je m'expose à la sanction suprême, la mort. Cela suffit à me faire sentir le poids des choses. Et tout le reste est littérature.

Gérard d'Aboville, 1992

SANS-GÊNE

Je n'ai aucune gêne à prétendre qu'avec mes **48"83** de la course d'hier, je détiens le record du monde des **non-dopées !**

Marie-José Perec

SATISFACTION

… Le dernier virage ; je suis à fond. Je sens Kolehmainen se décaler vers l'extérieur. Trente mètres encore à couvrir. Vais-je tenir ? Je n'en peux plus ; j'ai l'impression de marcher au pas ; je m'écarte de la corde presque inconsciemment. Je touche le Finlandais du coude ; je n'avance plus ; il passe… Je sais que je suis battu. Pendant qu'on emporte mon rival aux vestiaires, le cœur gros, je me renseigne sur le temps : 14'36"3/5. Ces chiffres me paraissent impossibles. J'avais envisagé au mieux 14'50". Battu, il me reste la satisfaction d'avoir contribué à établir un record du 5000 mètres qui ne sera pas amélioré avant longtemps…

Jean Bouin

SECRET

JE SAIS EXACTEMENT CE QUE JE GAGNE, MAIS C'EST MON SECRET.

Björn Borg

SENSATION

La sensation, voilà le but de la vie - sentir que l'on existe, même en souffrant. C'est ce « vide que l'on aspire à combler » qui nous entraîne au jeu, au combat, au voyage, à toutes les recherches immodérées mais impérieuses dont le principal attrait est de nous plonger dans une excitation inséparable de leur réalisation.

Byron

SNOBISME

Il faut avoir fait de la boxe. C'est plus un snobisme qu'un goût.

Bernard, 1913

SOMMET

Parfois, j'aimerais que le temps s'arrête, du moins que les événements que je vis depuis plusieurs mois tournent au ralenti, pour que j'aie le temps de les savourer, avec arrêt sur image s'il le faut. C'est fou, ce qui m'arrive. J'ouvre un journal et je retrouve mon nom et ma photo. On ne voit que moi. Sensation bizarre. Je suis flatté et en même temps très gêné. Serais-je donc arrivé au sommet d'une gloire que je n'aurais pas pu imaginer lorsque j'ai débuté dans le football ?

Jean-Pierre Papin, 1992

SOUFFRIR

Toi, tu es un gars qui sait souffrir, tu sais ce que c'est que la vie dure ; si tu avais eu la vie douce, tu ne m'aurais jamais battu...

Alain Mimoun à Michel Bernard, 1958

SPONSORS

Il faut craindre que, si l'on donne aux sponsors la possibilité d'organiser des événements, leur volonté de vendre un produit soit supérieure à celle de préserver la réalisation de l'homme. Il y a tellement d'écart entre ces deux conceptions et les intérêts qu'elles recouvrent que, forcément, c'est l'homme qui risque d'en pâtir le plus. Dans un tel cadre, il ne pourrait plus y avoir de préoccupation humaniste, le spectacle serait tout entier tourné vers le profit.

Nelson Paillou, 1987

STARS

Cela fait une drôle d'impression de côtoyer des champions comme Mike Powell, Carl Lewis, Jim Courier ou Henri Leconte, que l'on a plutôt l'habitude de voir à la télévision. J'ai eu la sensation de faire partie de la même famille qu'eux et c'est plutôt agréable.

Claire Lecat (judo), 1992

STARTER

Mille soleils s'éparpillent devant mes yeux. Si forte est la poussée d'adrénaline que me voilà tout à coup anesthésiée, saisie, pétrifiée. C'est la plus longue seconde, celle de l'impact. Entre le coup de pistolet du starter et l'instant où le corps brusquement s'élance, c'est la porte ouverte à tous les cauchemars. Réveille-toi, Marie-Jo. Qu'est-ce que tu fiches, tu dors ? À quoi tu joues, suspendue en l'air comme une arraignée accrochée à son fil ? Qu'est-ce que tu attends pour le planter au sol, ce pied droit, et attaquer ta première foulée ? Dépêche-toi ! Elles vont toutes te filer sous le nez !

Marie-José Perec, 1993

SUMMUM

On a vécu des moments fabuleux, tous les jours et à chaque match. Ces Jeux resteront le plus grand souvenir de ma carrière. Le summum, c'est quand nous sommes montés tous ensemble sur le podium en nous tenant par la main.

Gaël Monthurel (handball), 1992

SUPPORTERS

J'entendais les cris des supporters et mon nom qui montait du public. Tout ça m'a pris le cœur, je me suis laissée envahir par cette foule. J'en ai oublié mes skis et j'ai fait la faute.

Raphaëlle Monod (ski artistique), 1992

SYSTÈME

À terme, les petits sports sont condamnés par le système. Nous avons, et c'est anormal, le droit de vie ou de mort sur les organisations sportives.

Christian Quidet, patron des Sports d'Antenne 2

T

123

TENNIS

Cette raquette, l'odieuse raquette, cauchemar affreux, on ne peut faire un pas dehors sans la voir. Tous l'ont au bout du bras du matin jusqu'au soir, ne la quittent pas, la manient comme un joujou, la font sauter en l'air, la brandissent, s'assoient dessus, vous regardent à travers comme la grille d'une prison, ou la raclent comme une guitare (...) Ces gens, ces pauvres gens, qui portent ce signe particulier de leur folie comme autrefois les bouffons déments agitaient un hochet à grelots, sont atteints d'un mal d'origine anglaise qu'on appelle le lawn-tennis. Ils ont leur crise en des prairies, car un grand espace est nécessaire à leurs convulsions. On les voit, par troupes, s'agiter éperdument, courir, sauter, bondir en avant, en arrière, avec des cris, des contorsions, des grimaces affreuses, des gestes désordonnés, pendant plusieurs heures de suite, maintenus par un filet qui arrête leurs emportements.

On pourrait croire, en les regardant de loin, de très loin, que ce sont des enfants qui s'amusent à quelque jeu violent et naïf. Mais dès qu'on s'approche, le doute disparaît ; on comprend la nature de leur mal, car des hommes mûrs, des hommes vieux, des femmes à cheveux gris, des obèses, des étiques, des chauves, des bossus, tous ceux qu'on croirait ailleurs être des sages et des raisonnables se démènent et se désarticulent avec plus de folie encore que des jeunes (...) et leurs yeux se troublant, l'esprit s'affole à les voir, c'est alors une danse macabre de chiens, de boucs, de veaux, de chèvres, de cochons, d'ânes à figures d'hommes, enculottés et enjuponnés, qui s'agitent (...) c'est ainsi qu'on s'amuse (...) en l'an 1887.

Guy de Maupassant, 1887

TERRE

La Terre est ronde comme un ballon. Et le football est le sport planétaire.

José Touré, 1994

TITRE

QUAND JE PERDRAI MON TITRE, LA BOXE SERA MORTE.

Mohammed Ali

TOUR`

Le Tour… la folie de l'arrivée et toutes les photos, la réclame et les affaires, l'industrie mêlée à l'héroïsme, l'enthousiasme populaire qui ne s'arrête pas à si peu… Le Tour… C'est la fête d'un été d'hommes, et c'est aussi la fête de tout notre pays, d'une passion singulièrement française : tant pis pour ceux qui ne savent en partager les émotions, les folies, les espoirs !

Louis Aragon, 1947

TOURNOIS

… Au tennis, il n'y a jamais de contrôle. Et quand il y en a eu, tout le monde le savait quinze jours à l'avance !… Des mecs chargés, j'en vois dans tous les tournois et de plus en plus. Ça fait c…, parce qu'on se bat pas avec les mêmes armes. Moi aussi je peux le faire si je veux absolument gagner un match, et on ne le saura jamais. Personne n'en parle, pourtant il suffit d'ouvrir les yeux !

Yannick Noah, *Rock and Folk* n°164, septembre 1980

TRAC

Quand on m'a remis le drapeau tricolore, je n'en menais pas large, j'avais le trac. Pas le même trac qu'avant une compétition, non, c'était une sensation différente, la découverte d'une chose que je ne ferai qu'une seule fois dans ma vie.

Jean-François Lamour, 1992

TRAHISON

Platini a démissionné pour des raisons que je comprends, que je partage. Il n'a pas trahi ; ceux qui ne l'ont pas écouté ont trahi. J'ai tout donné pour cet homme, ce monument ! Je ne me sens pas capable de tout donner pour quelqu'un d'autre...

Éric Cantona, 1993

TRANCHÉE

Vous savez, il y a deux façons de faire la guerre !... Ou bien déployer dans le style grandes manœuvres ou bien rester enfoui dans la tranchée en pointant le nez de temps en temps... C'est ce que nous avons fait contre les Roumains... Cela nous a réussi, nous n'en demandions pas davantage !...

Jean-Pierre Rives, 1978

TRAPÈZE

Si j'ai préféré le trapèze à la chaire
et le maillot à la robe d'avocat c'est :

1- pour faire parler de moi au lieu de parler moi-même des autres, ce qui m'a épargné beaucoup de platitudes,
2- pour être à mon aise et surtout moins laid.

Léotard, *Mémoires de Léotard*, 1860

TRIBUNES

Quand j'étais gosse, mon père parfois m'amenait au stade, pour des morceaux de bonheur. Que s'est-il passé en vingt ans, pour que moi, footballeur professionnel, star paraît-il, j'aie maintenant peur des stades… Pour que moi, David Ginola, je me sois promis de ne pas amener mes enfants dans des tribunes devenues folles ?

David Ginola

TRIOMPHE

Si tu sais rencontrer Triomphe après Défaite
Et recevoir ces deux menteurs d'un même front
Si tu peux conserver ton courage et ta tête
Quand tous les autres les perdront
Alors les Rois, les Dieux, la Chance et la Victoire
Seront à tous jamais tes esclaves soumis
Et, ce qui vaut bien mieux que les Rois et la Gloire,
Tu seras un homme, mon fils.

Rudyard Kipling

T

TRUITE

Gachassin,
une truite sur la pelouse...

Jean Lacouture, 1982

U

131

ULCÈRES

Maintenant j'ai tout eu. Tout. Il y a peu de champions, dans l'histoire du sport, qui aient pu se dire un jour : « Je n'ai plus rien à gagner, plus rien à prouver. » Je viens d'atteindre ce stade. Je n'ai plus envie de rien. C'est à la fois formidable et un peu triste aussi. Je sais enfin pourquoi l'attente de quelque chose peut être un plus grand bonheur que de posséder la chose en question. Et puis j'en ai assez de tous ceux auxquels ma réussite donne des ulcères à l'estomac. J'avais fait de ma vie un pari. Je l'ai gagné, je suis en règle avec moi-même. Voilà. Je vais sortir de ma peau, j'en ai marre d'être un personnage officiel et de répondre à certaines gens qui n'interviennent que pour essayer de me briser. J'en ai marre et ce soir je vais boire.

Jean-Claude Killy

V

133

VANITÉ

La pauvre Mlle Lenglen, se voyant battue par Mrs. Mallory, a lancé sa raquette par terre et fondu en larmes. Elle doit être d'une vanité colossale. Sans doute s'imaginait-elle que le fait d'être Mlle Lenglen est la chose la plus importante du monde, se croire invincible comme Napoléon.

Virginia Woolf, à propos de Suzanne Lenglen,
tenniswoman française, *Journal*, 1921

VAUTOURS

La fin de Maradona est trop laide pour qu'elle puisse ressembler à la réalité. Je plains sincèrement ceux, les vautours, qui se sont acharnés sur le petit Argentin. Ceux-là n'ont jamais dû rêver. Maradona aura été le génie du football pendant dix ans. Au bout de ses pieds magiques, le ballon prenait des formes, des couleurs et des directions jamais retrouvées depuis. Diego a été un inventeur. Un miracle.

Jean-Pierre Papin, 1992

VÉRITÉ SPORTIVE

L'image du tennis ne sera pas si mauvaise que cela tant qu'elle sera préservée, tant que de grands champions pourront s'affronter dans des tournois où seul le sport comptera. Il est vrai que certains sports ont souffert dans l'esprit du public, la boxe par exemple, et cela à cause de trop nombreux combats organisés pour donner des titres sans vérité sportive.

Christian Duxin, 1987

VICTOIRE

La seconde place ne m'intéresse pas. C'était la victoire ou rien.

Louison Bobet (Tour de France, 1950)

VICTOIRES

À cause de mes victoires olympiques, le monde croit Athènes encore plus puissante qu'elle ne l'est en réalité.

Alcibiade, Ve siècle avant J.-C.

VIEILLE

Ma victoire est celle d'un clan formé par ma famille et quelques amis. C'est la victoire d'un petit cercle qui n'est pas, lui, à l'affût de mon déclin… Oui, à vingt-deux ans, je me sens « vieille ». Ça fait des années que je suis au sommet, des années que toutes rêvent de me battre. Elles m'épient à l'entraînement ; dès que je trouve un truc elles l'adoptent. J'ouvre une brèche, elles s'y engouffrent. C'est normal, de bonne guerre, mais à la longue c'est usant. À Innsbruck c'était le bonheur, pas ici.

Marielle Goitschel

Un visionnaire, je vous dis, ce taxi matinal. Il a plus d'un Tour de France dans son sac à prévisions.

San Antonio, 1965

VOLONTÉ

Une belle partie, c'est de l'intelligence en mouvement. Bien plus : c'est de l'intelligence incarnée. L'Esprit a pris pour instruments ces corps dociles et bondissants. Et là est la vraie grandeur de l'homme. Dans cette terrible et superbe partie qu'est la vie, ne sommes-nous pas tous jetés sur le terrain de cette planète voyageuse, et tous engagés dans la difficile opération de pousser jusqu'au but, c'est à dire jusqu'à l'accomplissement, l'invisible ballon d'un idéal ? Le succès dans ce jeu de la vie ne dépend-il pas à la fois de la pensée mesureuse d'angles, calculatrice de chances et d'un corps que rien n'arrête, que rien n'effraie ? Et dans ces deux jeux, le vôtre et celui de l'humanité, la force qui triomphe en dernier ressort n'est-elle pas la même : « la volonté » ?

André Maurois, 1949

Impressions DUMAS
42100 SAINT-ÉTIENNE
Dépôt légal : mars 1996
N° d'imprimeur : 32824
Imprimé en France